8

POESÍA

Juana de Ibarbourou

POESÍA

editores mexicanos unidos

POESÍA

Diseño de portada : Sergio Padilla

©Editores Mexicanos Unidos, S.A.
Luis González Obregón 5-B
C.P. 06020 Tels: 521-88-70 al 74
Miembro de la Cámara Nacional
de la Industria Editorial. Reg. No. 115
La presentación y composición tipográficas
son propiedad de los editores

ISBN 968-15-0043-1

2a. edición, febrero de 1987

5a. reimpresión Abril 1993

Impreso en México
Printed in Mexico

NOTA BIOGRAFICA

Nacida en Melo, provincia del interior de Uruguay, en 1895, desde su primera edad comienza a demostrar profunda inquietud literaria. Para cumplirla, ignorando las influencias negativas del medio, adopta el nombre de Juana de Ibarbourou; más tarde, críticos y estudiosos de su temática, empapada en fresca armonía natural, la llaman "Juana de América".

En las obras que muestra mayor enjundia, musicalidad y contenido podemos citar "Raíz Salvaje", "Las Lenguas de Diamante", "La Rosa de Los Vientos" y "El Canto Fresco" — que es un verdadero poema en prosa—, con los que adquiere celebrada nombradía continental.

En sus páginas se desliza, con armonioso ritmo, un naturalismo transparente, exento de todo desgarramiento angustial; su suave erotismo, sin sombrías tintas, la muestra con una ingenuidad pasmosa; sólo una inquietud la embarga: el permanente temor a desaparecer, a morir... su prolongación, siempre etérea, buscará ir glosándola en sus poemas, proyección que, sin duda, ha obtenido plenamente.

Al acercarse el otoño de su vida, su voz adquiere leves tonalidades grises. El estro poético de "La Rosa de los Vientos" —1930— es una etapa distinta en el camino, hasta ayer, ilusionado...

El siglo literario, con evidente influencia europea, adquiere nuevas dimensiones. Existe un evidente paso —tránsito substantivo— de la estética modernista, impuesta en América por Darío, al creacionismo y el surrealismo surgentes.

Esta influencia, transmutadora en concepciones, marca esta etapa final de su creación poética. Con ella no pierde en belleza; por el contrario, la composición madura en armonía y en síntesis conceptual logrando un estilo realmente perdurable.

ENERO

Mediodía de Enero. Bordean el camino
Cardos grisáceos, duros, con la cimera azul.
En la gracia redonda de la flor, las avispas
Con la miel escondida sorben vientos y luz.

Planta que todos cortan y que nadie bendice,
Cardo de ramas ásperas que nunca podrán ser,
Almohada de cansados o comida de hambrientos,
O adorno entre el cabello blando de una mujer.

Cardo que el campesino agrio y brusco, aborrece:
Yo sé que tú la entraña tienes honda de miel
Y para que perdonen los hombres tu aspereza
En una flor celeste la das a conocer.

Ha de llegar alguno que la comprenderá.
Ha de pagar un gesto de amor, la indiferencia
Deja que pasen miles que no entienden tu seña.
Ceñuda de la turba que trota sin mirar.

Cardo de entraña dulce que estalla en la corola
De terciopelo vivo. ¡Dios bendiga tu afán!
Y dé en la primavera a tu señal de gracia,
El azul más azul de los cielos y el mar.

FEBRERO

Para el belfo morado y húmedo de la vaca
Florece la llanura en el mes de Febrero.
El pasto está inocente de su destino obscuro
Y alza al cielo, orgulloso, cada capullo nuevo.

Pero un día, a la hora primera, centellea
La hoz, como una luna que bajó con el alba,
Y caen los pastos finos, mezclados de corolas
Que mecieron el iris sobre la tierra ancha.

Ya no más verde claro, añil, rosa, amatista.
Será en las parvas muelles tan sólo el blando oro
De las hojas prensadas y los pétalos muertos;
De las pajuelas huecas y los tallos redondos.

Y después el establo cálido, la penumbra,
La vaca de ubre llena y de cuernos agudos
Lo mismo que la luna, que la hoz y las alas
De los pájaros libres que recorren el mundo.

La bestia torpe y mansa rumia la primavera
En sus comidas diarias, pero no piensa nada.
Ella tan sólo sabe que es bueno el pasto seco
Y que junto al pesebre está el balde del agua.

MARZO

Otoño de oro molido
Y de aire pasado por filtros;
Violetas de mar y de tierra
Deshilan sus pétalos finos.

Ensueño de plata pulida,
Abeja de nueva esperanza.
Las aguas saladas me piden
Un verso con forma de barca.

Otoño de vientos crinados
Y el sol de la barba ligera.
Un celeste jazmín de horizontes
En la red de mi ansia se queda.

Almohada de luna en el sueño,
Manzana de miel en el día,
Mañana, mañana la tarde
Vendrá ya vestida de lila.

ABRIL

Abril dorado y maduro,
Abril de mi amor feliz,
¡Cómo me gusta tu aire,
Tu sol y tu luna, Abril!

En la vigilia y el sueño
Tu cielo, torre y azar,
Con la cara que más quiero
Es mi esperanza tenaz.

Abril sin las golondrinas
De Octubre, sin el rosal
De Diciembre y sin la poma
Que el rojo Enero me da.

Abril, que entornas la puerta
Ruidosa del colmenar.
Abril sin corderos nuevos,
Uvas, lilas, ni azahar;

Manso Abril desposeído
Que nada tienes que dar.
¡Cómo me gustas por eso,
Abril de ligero andar!

¡Cómo me gustas por claro,
Por bueno para soñar,
Con tu silencio en mi playa
Y tu dulzura en mi mar!

MAYO

No sé qué fragancia de azahares
Hoy tiene el agua del mar.
¿Será este Mayo de oro,
Esta cimera solar,
O este viento de palomas,
Que anda sin sentirse andar?

Si él estuviera a mi lado,
¡Oh Dios, qué felicidad!

JUNIO

La tarde llena de lirios.

Campana de obscuro bronce
Claras manos del arcángel
Están fundiendo en el monte.

Claras manos del arcángel,
¡Ay, que se rompan los moldes!

La tarde llena de lirios
Y con las sienes sangradas
Se han tendido bajo el verde
Crespo volado del agua.

La tarde, la tarde ahogada.

El arcángel, nardo puro,
Platero de plata fina,
Martillea la campana
Y llora a lágrima viva.

El monte todo se enciende
En la flor de sus espinos.
Desparrámase la sombra
Por ciudades y caminos.

La sed de los negros vientos
Bebe el olor de los lirios.

Junio sombrío me hieres
Como el filo de un cuchillo.

JULIO

Es de noche.
Tras la ventana de mi cuarto en sombra,
Pasos. Ampara el plenilunio
A alguien que sueña o sufre. Lentamente
Va por la calle que recubren hierbas
De Julio.

Es un hombre. Bajo la luna,
La luna llena, como una medalla,
O una moneda, o una lentejuela,
Llevará la cabeza descubierta
Para que el viento le oree la cara.

Quizás se le murió la mujer que quería,
O tal vez está lejos la mujer que desea,
Porque es la única pena digna de ser sufrida,
Ha de ser una pena de amor que lo desvela.

Y camina hacia el mar, el amigo seguro
De todos los que tienen un secreto que abruma.
Cuando vuelva a su casa el hombre invisible
Irá un poco borracho de océano y de luna,

Se dormirá ya al alba, rendido en el divino
Cansancio de su inmensa vigilia bajo el cielo.
¡Ese cielo de Julio que no he visto esta noche
Y que ha de estar tan rico de luceros!

Desvelada en la sombra, encerrada en mi cuarto,
Pienso qué torpemente he desperdiciado
Mi porción de cielo.

AGOSTO

Agosto agrio y ceñudo,
De albas heladas y lentas,
De amor dormido o ausente
Y de quemadas violetas;

Agosto, neblina y sombra.
Agosto, esperanza muerta.

Siento en el alma tu espada,
¡Tu puñal de helado acero!
Me pesa como la piedra
Aquel ensueño de Enero.

¡Ya he perdido mi abejar,
Mi anillo de oro y mi velo!

¡Ya no iré, paso menudo,
Sonrisa pronta, faz clara,
A mirarme en el espejo
Fidelísimo del agua!

¡Ay, juventud que se va
Cuando me era más cara!

SEPTIEMBRE

Primavera labradora
—Aire hilado, surco en flor!
En el alba, trinadora,
Buena abeja bajo el sol,
Y en las noches de violeta
Esperanza y resplandor;

Primavera labradora:
¡Recibe bien a mi amor!

Lleva los hombros curvados
Del afán de la ciudad
Y en los labios la salmuera
De los vientos de la mar.

Septiembre, mes campesino
¡Sé tibio, rico y floral!

Recorta tus manzanillas,
Bruñe tu luna de plata,
Acuña entre piedrezuelas
Bien redondeadas y claras,
Los musgos recién nacidos
En la orillita del agua.

¡Que el mundo parezca nuevo
Alrededor del que quiero!
Sombra y sol para su día,

Dulzura para su sueño,
Y en el sueño —heliótropo
De terciopelo—, el recuerdo.

Septiembre, que multiplicas
Los corderos y los peces:
¡Multiplícame su amor
Bajo tu signo celeste!

OCTUBRE

Mi calle, alegre de día,
De noche se hace fantástica.
La luna plena de Octubre
La torna toda azulada.

Vuelca fragancias un muro
Trenzado de guaco recio.
El perfume volador
Se va en las manos del viento.

Del fondo de la calleja,
Viene el eco de una copla;
¿Qué alma en desvelo, su cuita
Da al silencio y a la sombra?

Tengo el corazón colmado
De dulzura, como un cuenco
Lleno de miel. ¡Ay, un cuenco
En el que ya nadie, nunca,
Ha de beber!

La soledad se me ciñe
Como una túnica blanda.
La tengo junto a mi cuerpo,
La siento sobre mi alma.

Y bajo la noche inmóvil
Se lía a esa soledad,
Una nostalgia sin nombre
Y un ansia inmensa de andar.

NOVIEMBRE

¡Ay luna nueva, fresquita
Como una hilacha del día,
Que en el cielo azul y vago
La tarde dejó perdida!

¡Ay luna recién llegada,
Que en el fondo de mi alberca
Semejas una pestaña
Caída en el agua quieta!

He de pedirte una gracia...
(Dicen que es bueno pedirla
Cuando la luna es así,
Delgada y recién nacida.)

Ampárame con tu embrujo
Esta pálida sonrisa,
Que después de tanto tiempo
Vuelve a prestarme la dicha.

Haz que ella crezca contigo
Y que me alumbre la cara
Como tú, cuando pareces
Una medalla dorada.

Luna nueva de Noviembre
Sobre el mar y sobre el campo.
¡Sé cordial a mi dulzura
Como lo fuiste a mi llanto!

DICIEMBRE

ELEGÍA DE NAVIDAD

Mi noche de soledad
Mientras suenan las guitarras,
De la alegría del mundo,
Bajo las estrellas blancas;

Mi noche de soledad
Mal joyada y mal vestida,
De ensueños menesterosos
Y de esperanzas hendidas;

¡Mi noche de soledad
Coronadita de espinas!

¿No la viste, ronda tuya,
Cuando ya en paz te dormías?

Tenía la cara pálida,
Bien medida la sonrisa,
Y por el nardo del pecho
Un temblor le descendía.
¡Ay, recuerdos del espejo
Luna en el medio día!

Mi noche de soledad
¡Cómo te clamo en silencio!

Por no oírla suspirar
No quiso arrimarse el sueño.

¡Y hasta el alba anduve en ronda,
Alrededor de tu lecho!

PRESENTIMIENTO

Se ha engalanado el invierno
Con una tarde dorada.
Agosto de brisa tibia,
Nochecita ya enlunada;

Florecieron los canteros
De los junquillos violentos;
El perfume da a la noche
Un aire de encantamiento.

Está mi calle tan sola
Que parece de romance.
Va a pasar algo esta noche,
Algo misterioso y grande.

¿Andará cerca la muerte
O ha de llegar el amor?
¡Nochecita enlucerada,
Protege a mi corazón!

CANCIONES DE CUNA

¡Pajarito chino
De color añil!
Canta que mi niño
Se quiere dormir.

¡Pajarito chino
De color punzó!
Calla que mi niño
Ya se durmió.

La loba, la loba,
Le compró al lobito
Un calzón de seda
Y un gorro bonito.

La loba, la loba,
Salió de paseo
Con su traje rico
Y su hijito feo.

La loba, la loba
Vendrá por aquí
Si este niño mío
No quiere dormir.

Por los caminitos
De Jerusalén
Va un niñito rubio
Camino a Belén.

Le dan los pastores
Tortas de maíz,
Leche de sus cabras
Y pan con anís.

El niñito tiene
Los rizos de luz.
Duérmete, mi hijito,
Sueña con Jesús.

La señora luna
Le pidió al naranjo
Un vestido verde
Y un velillo blanco.

La señora luna
Se quiere casar
Con un pajarito
De plata y coral.

Duérmete, mi niña,
E irás a la boda
Peinada de moño
Y en traje de cola.

ANGUSTIA

Con tus rosas violentos o desvaídos
Y con tus oros vagos o centelleantes.
Te dormirás, ¡oh día que me has herido!,
    Dentro de unos instantes.

Todo el ocaso lento y empurpurado
Te servirá de almohada para tu sueño.
Día claro de Enero, ¡qué atormentado
    Será en cambio mi sueño!

Doce horas agudas como saetas
Hundiste en mi costado que mana sangre.
Río invisible y mudo que irá creciendo
Hasta que en su corriente pueda anegarme.

Te adormeces, ¡oh día!, sobre las aguas
Con la gracia de un lirio que está marchito.
No sientes mi gemido, ni has de mirarme
Cuando caiga la noche sobre mi grito.

ANSIA

Soy hija de llanos. Nunca vi montañas.
Hace pocos años que conozco el mar
Y vivo soñando con raros países
Y vivo acosada del ansia de andar.

¡Tanto que tenemos luego que estar quietos,
Tanto que más tarde hay que reposar,
Y desperdiciamos la hora presente
Y nos contentamos sólo con soñar!

¡Ay, los caminitos en ásperas cuestas,
Serpentinas claras sobre las montañas!
¿No han de hollarlos nunca mis pies andariegos?
¿No he de ir yo nunca por tierras extrañas?

¿Nunca mis palabras, hartas de llanuras,
Han de mirar cerca las cumbres soñadas?
¿Qué es lo que me guardan los dioses herméticos?
¿Qué, en mi canastilla, pusieron las hadas?

¡Ay, noche de insomnio, de agrio descontento,
De interrogaciones vanas e impacientes!
¡A veces parece que tañen campanas
Y a veces, Dios mío, que silban serpientes!

NOCHE DEL CHACO

EN EL DÍA PRIMERO DEL ARMISTICIO DE LA GUERRA
ENTRE PARAGUAY Y BOLIVIA

Chaco boreal, salvaje
y sanguinario tal como una fiera.
¡Chaco horrible y magnífico!
Mientras duermen los hombres
esta noche, tú, vela.

Vela con tus ejércitos de muertos
y tus almas heroicas.
Vela con tus espectros
y tus sombras.

Acariciando el rostro de los vivos
ya anda la esperanza
y se borran las muecas de la máscara
que ajustó la tragedia a cada cara.

Por vez primera ha descendido un sueño
iluminado con frecuencia de ángeles,
sobre los campamentos en silencio
y hasta la turbación de tus paisajes.

Ha llegado la hora del reposo
para los elementos y los hombres.
La infatigable segadora duerme
en la línea callada de cañones,

y ya saben tus vientos, tus pantanos,
tus cielos misteriosos y tus bosques,
que el cruel repiquetear de la metralla
no cambiará ya más tus horizontes.

Pero es también la hora de tus muertos
Chaco boreal, feroz e impenetrable.
Y ellos llegan de todos los confines
montados en caballos espectrales,
y es un terrible ejército fantasma
el que desfila galopando el aire.

Legiones y legiones y legiones.
Banderas y banderas y banderas.
Concentración de sombras mutiladas
en esta noche atónita de América.

Noche de pleitesía ante los héroes,
noche de acusación ante los vivos,
para que alcen las madres sus sollozos
y griten su rencor todos los hijos.

Pasan los escuadrones fantasmales
y hay un temblor de llanto en el pampero.
porque mientras la gloria entona himnos,
sangra la entraña herida de dos pueblos.

Por los caídos en el Chaco inmenso,
generación en flor que fue segada
para llenar los trojes de la muerte,
demos nuestra plegaria.

¡Oremos!
Y que caiga el horror de la conciencia
sobre todos aquellos
que en tanto el Chaco se nutría de muertos
fueron, por voluntad, sordos y ciegos.

FIEBRE

Lejos estaba el agua de mi fiebre.
Yo no tenía fuerzas de alcanzar
El alto muro, la colina ardiente,
El cíngulo del cielo con el mar.

Me hervía el fuego entre la dura boca
Andaba entre mi aire el huracán
—Corazón que me fuiste generoso:
¿En lágrimas o sangre no me das
Un solo sorbo, refrigerio mínimo,
Más preciso que el pan y que la sal?

El rostro amado se borró del círculo
Y pasaron por él cien rostros más.
Vino la niebla y me envolvió piadosa
En una bruma ya del más allá.

Muchos días después volví a la tierra,
Triste morada de perpetua sed.
A nadie pido agua, Está muy lejos
La fuente que me diera de beber.

Visión del agua que debió ser mía.
Agua de agua para sed de sed.

LA CASA

Mi casa es vieja y amplia como un monasterio,
Con un raro perfume de reposo y misterio.
Risueña de jazmines y severa de pinos,
Blanca como una abuela tejedora de linos.

Cuantas veces me encuentro sedienta y fatigada
Torno a ella lo mismo que oveja descarriada,
En busca de descanso, en demanda de abrigo
Contra el camino largo, contra el viento enemigo.

Mi casa es un remanso donde me lleno de oro
Las manos alocadas que tiran su tesoro
Por todos los senderos. Mi casa es una abuela
Que para darme alientos constantemente vela.

Y se aroma de nardos y enriquece de trigos
Y de jilgueros nuevos y corderos amigos
Para decirme luego: —¡Oh, cansada, reposa,
Que he ungido ya tu cama con fragancia de rosa!

¡Ah, loca, loca, loca, que el tesoro desdeñas
Y siempre con las cosas inaccesibles sueñas!
¡Ah, loca, loca, loca,
Que una miel inhallable buscas para tu boca!

EL AFILADOR

Este dolor heroico de hacerse para cada noche
un nuevo par de alas...
¿Dónde estarán las que ayer puso sobre mis hombros
el insomnio de la primera hora del alba?

Día, afilador de tijeras de oro
y puñales de acero y espadas de hierro:
anoche yo tenía dos alas
y estuve cerca del cielo.

Pero esta mañana llegaste tú con tu flauta,
tu piedra,
tus doce cuchillos de plata.

¡Y lentamente me fuiste cortando las alas!

CENIZAS

Se ha apagado el fuego. Quedó sólo un blando
        Montón de cenizas,
Donde estuvo ondulando la llama.
Ahí tienes, amigo, hecho porción quieta
        De polvo liviano,
A aquel pino inmenso que nos dio su sombra
Fresca y movediza, durante el verano.

Tan alto, tan alto, que pasaba el techo
        De la casa mía.
Si hubiera podido guardarlo en dobleces,
Ni en el arca grande del desván cabría.

Y del pino inmenso, ya ves lo que queda.
Yo, que soy tan pequeña y delgada,
¡Qué montón tan chiquito de polvo
        Seré cuando muera!

COMO LA PRIMAVERA

Como un ala negra tendí mis cabellos
       Sobre tus rodillas.
Cerrando los ojos su olor aspiraste
       Diciéndome luego:

—¿Duermes sobre piedras cubiertas de musgos?
¿Con ramas de sauces te atas las trenzas?
¿Tu almohada es de trébol? ¿Las tienes tan negras
Porque acaso en ellas exprimiste un zumo
Retinto y espeso de moras silvestres?
¡Qué fresca y extraña fragancia te envuelve!
Hueles a arroyuelos, a tierra y a selvas.
¿Qué perfumes usas? Y riendo, te dije:
       —¡Ninguno, ninguno!

Te amo y soy joven, huelo a primavera.
Ese olor que sientes es de carne firme,
De mejillas claras y de sangre nueva.
¡Te quiero y soy joven, por eso es que tengo
Las mismas fragancias de la primavera!

LA NUEVA ESPERANZA

Vuelves a mí, esperanza, como un ramo de hierbas
Olorosas, cortadas a la hora del alba.
Tienes la timidez de las flores humildes.
Humildes y menudas como las de la salvia.

Llegas a pasos lentos. Una fragancia leve
Te precede. Yo pliego las manos y te acojo
Con un gesto asombrado de mendiga. No tengo
Ni siquiera el valor de levantar los ojos.

Pero siento que bajo los párpados vencidos
Mi claridad aumenta, y se ensancha tu halo,
Y me asalta a los labios un sabor de violetas,
Y el aire que me cerca toma un tinte azulado.

¡Mas, me encontraste amarga y en la luz que me
    inunda
Todavía no puedo darme entera al milagro!

LA CASA VIEJA

El camino angosto y largo
Se acuesta entre la maleza.
En el brazo del arroyo
El agua parece nueva.

Junto a la casa cerrada
Están en flor las magnolias
Y en flor están todas blancas
Las coronitas de novia.

Un vivo coro de grillos
Arrulla el sueño al silencio.
Yo traigo el pelo estrellado
De jazmincitos abiertos.

Bajo la hora rosada,
¡Qué paz en la casa vieja!
¡Ay, qué tarde tan bonita
Si una estuviera contenta!

CEMENTERIO CAMPESINO

¡Oh muertos casi anónimos del cementerio árido
Donde tan sólo hay piedras y una inmensa palmera
Que hace cantar la brisa y ofrece cachos dulces
En los primeros meses de cada primavera!

¡Oh muertos para quienes el silencio es enorme
Y no se acaba nunca! ¿Será bueno dormir
Como ellos, sin nada que les aje el reposo?
¿Se está bien allá abajo o desearán salir

Un día, a correr campos, a buscar a los hombres
El movimiento, el grito, la verticalidad,
Cansados del descanso sin tregua, llenos de ansia
Por la inquietud ardiente, viva, de la ciudad?

¡Oh muertos campesinos, hermanos de los otros
Que duermen en el fondo frío y torvo del mar,
Al arrullo monótono y salvaje del agua
Que ahora todo rezo y estrangula el cantar

De los vientos: yo clamo, yo clamo por vosotros
Con el alma transida de infinita piedad!
¡Pobres muertos del campo a quienes nunca turba
El rumor de la vida honda de la ciudad!

REBELDE

Caronte: yo seré un escándalo en tu barca.
Mientras las otras sombras recen, giman o lloren,
Y bajo tus miradas de siniestro patriarca
Las tímidas y tristes, en bajo acento, oren.

Yo iré como una alondra cantando por el río
Y llevaré a tu barca mi perfume salvaje,
E irradiaré en las ondas del arroyo sombrío
Como una azul linterna que alumbrara en el viaje.

Por más que tú no quieras, por más guiños siniestros
Que me hagan tus dos ojos, en el terror maestros,
Caronte, yo en tu barca seré como un escándalo.

Y extenuada de sombra, de valor y de frío,
Cuando quieras dejarme a la orilla del río
Me bajarán tus brazos cual conquista de vándalo.

LA ARBOLEDA INMOVIL

Es un bloc de pinos. Aunque dance el viento
Más loco y borracho de este mes de Julio,
Parece que nunca sus copas se agitan.
Se diría de hierro bajo el plenilunio.

Ha de tener nidos y ha de tener cantos,
Mas está hechizada la arboleda esa.
¡Qué ansiedad punzante me oprime las sienes
Mirándola siempre tan quieta, tan quieta!

Su clamor es mudo como el de una estatua.
Yo siento en mis sueños su opaco alarido.
¡Oh, pampero: trénzate a todos los vientos,
Sacúdela y dale la inquietud y el ruido!

En la noche pura, fantástica, clara,
¿Qué obscuro atavismo me enlaza a su angustia?
Yo sé que fué alegre y alocada y niña.
Yo sé que en sus ramas se hamacó la lluvia.

Cuando llegue el alba lejana y helada
Y el cansancio cierre mis ojos insomnes,
La arboleda inmóvil alzará en mi sueño
Su inmenso alarido que ignoran los hombres.

MUJER

Si yo fuera hombre, ¡qué hartazgo de luna,
De sombra y silencio me había de dar!
¡Cómo, noche a noche, solo ambularía
Por los campos quietos y por frente al mar!

Si yo fuera hombre, ¡qué extraño, qué loco,
Tenaz vagabundo que había de ser!
¡Amigo de todos los largos caminos
Que invitan a ir lejos para no volver!

Cuando asi me acosan ansias andariegas,
¡Qué pena tan honda me da ser mujer!

LA PESCA

La espuma me salpica como un rocío blanco
Y el viento me enmaraña el cabello en la frente
A mi espalda está el verde respaldo del barranco
Y a mis pies el gran río de elástica corriente.

Rumores de la selva y rezongos del agua,
Y tal como una lepra sobre el dorso del río,
La mancha oblonga y negra que pinta la piragua,
En la fresca penumbra del recodo sombrío.

No medito, no sueño, no anhelo, estoy ligera
De todo pensamiento y de toda quimera.
Soy en este momento la hembra primitiva,

Atenta sólo al grave problema de su cena,
Y vigilo glotona, con un ansia instintiva,
El corcho que se mece sobre el agua serena.

LA HIGUERA

Por que es áspera y fea
Porque todas sus ramas son grises,
Yo le tengo piedad a la higuera.

En mi quinta hay cien árboles bellos:
Ciruelos redondos,
Limoneros rectos
Y naranjos de brotes lustrosos.

En las primaveras,
Todos ellos se cubren de flores
En torno a la higuera.
Y la pobre parece tan triste
Con sus gajos torcidos que nunca
De apretados capullos se visten...

Por eso,
Cada vez que yo paso a su lado
Digo, procurando
Hacer dulce y alegre mi acento:
—Es la higuera el más bello
De los árboles todos del huerto.

Si ella escucha,
Si comprende el idioma en que hablo,
¡Qué dulzura tan honda hará nido
En su alma sensible de árbol!

Y tal vez a la noche,
Cuando el viento abanique su copa,
Embriagada de gozo le cuente:
—Hoy a mí me dijeron hermosa.

LA CUNA

Si yo supiera de qué selva vino
El árbol vigoroso que dio el cedro
Para tornear la cuna de mi hijo...
Quisiera bendecir su nombre exótico.
Quisiera adivinar bajo qué cielo,
Bajo qué brisas fue creciendo lento,
El árbol que nació con el destino
De ser tan puro y diminuto lecho.

Yo elegí esta cunita
Una mañana cálida de Enero
Mi compañero la quería de mimbre,
Blanca y pequeña como un lindo cesto.
Pero hubo un cedro que nació hace años
Con el sino de ser para mi hijo,
Y preferí la de madera rica
Con adornos de bronce. ¡Estaba escrito!

A veces, mientras duerme el pequeñuelo,
Yo me doy a forjar bellas historias:
Tal vez bajo su copa una cobriza
Madre venía a amamantar su niño
Todas las tardecitas, a la hora
En que este cedro amparador de nidos,
Se llenaba de pájaros con sueño,
De música, de arrullos y de píos.

¡Debió ser tan alto y tan erguido,
Tan fuerte contra el cierzo y la borrasca,
Que jamás el granizo le hizo mella
Ni nunca el viento doblegó sus ramas!

El, en las primaveras, retoñaba
Primero que ninguno. ¡Era tan sano!
Tenía el aspecto de un gigante bueno
Con su gran tronco y su ramaje amplio.

Arbol inmenso que te hiciste humilde
Para acunar a un niño entre tus gajos:
¡Has de mecer los hijos de mis hijos!
¡Toda mi raza dormirá en tus brazos!

EL RIO ANDARIEGO

Sobre el agua,
Suspenden los sauces el collar herbóreo
De sus ramas.

Un zigzag verde y fugitivo
Ondula
Por el flanco delgado del río.

Al pasar bajo los ceibos
El Tacuarí se hace purpúreo
Y al galopar contra los arrayanes
Toma un blanco lunar y nocturno.

Mi río nativo lleva en su entraña
Todos los colores del mundo.
Los que han probado de sus aguas
Se han hecho soñadores y vagabundos.

Porque este río de mi pueblo
Se ha bebido el crepúsculo y el alba,
El mediodía y la noche
Para calmar no sé qué ansias.
Y le ha quedado hechizada el agua.

Yo que de ella bebí siendo pequeña
Tengo el mismo embrujo en el alma.

ENCUENTRO

Olor de manzanillas curativas.
Manzanillas doradas y nevadas
Que guardan las abuelas campesinas.

En el flanco dulzón de las cuchillas
Y en el húmedo hueco de los bajos;
Junto al camino zigzagueador
Y en torno de los ranchos,
La manzanilla da su aroma áspero
En los meses de sol.

Yo la he sentido hoy en el camino
Que bordean podados tamarindos
Y me saltó al encuentro como un perro
Festejador y amigo.

Fragancia amarga y sana
Que araña un poco la garganta
Pero que tiene una bondad
De agua.

He vuelto a hundir la cara entre las flores
De color cordial y antiguo.
Rueda-rueda de hojuelas cándidas
En torno del redondo corazón amarillo.

Y toda la mentira del mar se me ha hecho clara
De un golpe. Quiero al campo.

Como todos los hombres de América lo quieren.
No tenemos entraña de marinos. Un ancho
Amor de labradores en la sangre nos viene.

La montaña y la pampa, la colina y la selva,
La altiplanicie brava y los llanos verdeantes
Donde pasta la vaca y galopa el bisonte,
Están más cerca nuestro que el mar innumerable.

Al tornar a mi casa he sentido en el viento
El vaho de mis campos fuertes del Cerro Largo.
Me mana una alegría honda de reconquista.
El ramo puro albea en mi mano.

UN DIA

Mañana me levantaré de madrugada.
Quiero ver cómo el sol, alfarero bardado,
Va modelando el cántaro de un día
En el torno remiso de este mes de verano.

Como un artista chino pintará al empezar,
Una fuga de pájaros y llanuras floridas.
Los siete colores, los siete colores de la luz,
Irán haciendo claro el gris de la arcilla.

Yo marcharé por los caminos en procura de hierbas,
En elección de plantas textiles y aromáticas
Que luego estrujaré, ayudadora, sobre la greda.

Cuando el alfarero ponga el vaso en las manos de Dios
Tendrá también el olor vegetal de las selvas.

Y Dios dirá con plácida sorpresa:
—¡Qué brillantes son y qué bien huelen,
Mis tierras de América!

EL DULCE MILAGRO

¿Qué es esto? ¡Prodigio! Mis manos florecen.
Rosas, rosas, rosas a mis dedos crecen.
Mi amante besóme las manos y en ellas,
¡Oh, gracia!, brotaron rosas como estrellas.

Y voy por la senda voceando el encanto
Y de dicha alterno sonrisa con llanto
Y bajo el milagro de mi encantamiento
Se aroman de rosas las alas del viento.

Y murmura al verme la gente que pasa:
—¿No veis que está loca? Tornadla a su casa.
¡Dice que en las manos le han nacido rosas
Y las va agitando como mariposas!

¡Ah, pobre la gente que nunca comprende
Un milagro de éstos y que sólo entiende,
Que no nacen rosas más que en los rosales
Y que no hay más trigo que el de los trigales!

Que requiere líneas y color y forma
Y que sólo admite realidad por norma.
Que cuando uno dice: Voy con la dulzura
De inmediato buscan a la criatura.

Que me digan loca, que en celda me encierren,
Que con siete llaves la puerta me cierren,

Que junto a la puerta pongan un lebrel,.
Carcelero rudo, carcelero fiel.

Cantaré lo mismo: —Mis manos florecen,
Rosas, rosas, rosas a mis dedos crecen.
¡Y toda mi celda tendrá la fragancia,
De un inmenso ramo de rosas de Francia!

AMÉMONOS

Bajo las alas de este laurel florido
Amémonos. El viejo y eterno lampadario
De la luna ha encendido su fulgor milenario
Y este rincón de hierba tiene calor de nido.

Amémonos. Acaso haya un fauno escondido
Junto al tronco del dulce laurel hospitalario
Y llore, al encontrarse sin amor, solitario,
Mirando nuestro idilio frente al prado dormido.

Amémonos. La noche clara, aromosa y mística,
Tiene no sé qué suave dulzura cabalística.
Somos grandes y solos sobre la haz de los campos.

Y se aman las luciérnagas entre nuestros cabellos,
Con estremecimientos breves como destellos
De vagas esmeraldas y extraños crisolampos.

DESPECHO

¡Ah, que estoy cansada! Me he reído tanto,
Tanto, que a mis ojos ha asomado el llanto;
Tanto, que este rictus que contrae mi boca
Es un rastro extraño de mi risa loca.

Tanto, que esta intensa palidez que tengo
(Como en los retratos de viejo abolengo)
Es por la fatiga de la loca risa
Que en todos mis nervios su sopor desliza.

¡Ah, que estoy cansada! Dejadme que duerma,
Pues, como la angustia, la alegría enferma.
¡Qué rara ocurrencia decir que estoy triste!
¿Cuándo más alegre que ahora me viste?

¡Mentira! No tengo ni dudas, ni celos,
Ni inquietud, ni angustias, ni penas, ni anhelos.
Si brilla en mis ojos la humedad del llanto.
Es por el esfuerzo de reírme tanto...

MILLONARIOS

Tómame de la mano. Vámonos a la lluvia
Descalzos y ligeros de ropa, sin paraguas,
Con el cabello al viento y el cuerpo a la caricia
Oblicua, refrescante y menuda del agua.

¡Que rían los vecinos! Puesto que somos jóvenes
Y los dos nos amamos y nos gusta la lluvia,
Vamos a ser felices con el gozo sencillo
De un casal de gorriones que en la vía se arrulla.

Más allá están los campos y el camino de acacias
Y la quinta suntuosa de aquel pobre señor
Millonario y obeso que con todos sus oros,

No podrá comprarnos ni un gramo del tesoro
Inefable y supremo que nos ha dado Dios:
Ser flexibles, ser jóvenes, estar llenos de amor.

LA ESPERA

¡Oh, lino, madura, que quiero tejer
Sábanas del lecho donde dormirá
Mi amante, que pronto, pronto tornará!
(Con la primavera tiene que volver).

¡Oh, rosa, tu prieto capullo despliega!
Has de ser el pomo que arome su estancia,
Concreta colores, recoge fragancia,
Dilata tus poros que mi amante llega.

Trabaré con con grillos de oro sus piernas.
Cadenas livianas del más limpio acero
Encargué con prisa, con prisa al herrero
Amor, que las hace brillantes y eternas.

Y sembré amapolas en toda la huerta.
¡Que nunca recuerde caminos ni sendas!
Fatiga: en sus nervios aprieta tus vendas.
Molicie: sé el perro que guarde la puerta.

VIDA—GARFIO

Amante: no me lleves, si muero, al camposanto.
A flor de tierra abre mi fosa, junto al riente
Alboroto divino de alguna pajarera.
O junto a la encantada charla de alguna fuente.

A flor de tierra, amante. Casi sobre la tierra
Donde el sol me caliente los huesos, y mis ojos
Alargados en tallos, suban a ver de nuevo
La lámpara salvaje de los ocasos rojos.

A flor de tierra, amante. Que el tránsito así sea
      Más breve. Yo presiento
La lucha de mi carne por volver hacia arriba,
Por sentir en sus átomos la frescura del viento.

Yo sé que acaso nunca allá abajo mis manos
      Podrán estarse quietas.
Que siempre como topos arañarán la tierra
En medio de las sombras estrujadas y prietas.

Arrójame semillas. Yo quiero que se enraicen
En la greda amarilla de mis huesos menguados.
¡Por la parda escalera de las raíces vivas
Yo subiré a mirarte en los lirios morados!

OLOR FRUTAL

Con membrillos maduros
Perfumo los armarios.
Tiene toda mi ropa
Un aroma frutal que da a mi cuerpo
Un constante sabor a primavera.

Cuando de los estantes
Pulidos y profundos
Saco un brazado blanco
De ropa íntima,
Por el cuarto se esparce
Un ambiente de huerto.

¡Parece que tuviera en mis armarios
Preso el verano!

Ese perfume es mío. Besarás mil mujeres
Jóvenes y amorosas, mas ninguna
Te dará esa impresión de amor agreste
Que yo te doy.

Por eso, en mis armarios
Guardo frutas maduras,
Y entre los pliegues de la ropa íntima
Escondo, con manojos secos de vetiver.
Membrillos redondos y pintones.

Mi piel está impregnada
De esta fragancia viva;
Besarás mil mujeres, mas ninguna
Te dará esta impresión de arroyo y selva
Que yo te doy.

AMOR

El amor es fragante como un ramo de rosas.
Amando se poseen todas las primaveras.
Eros trae en su aljaba las flores olorosas
De todas las umbrías y todas las praderas.

Cuando viene a mi lecho trae aromas de esteros,
De salvajes corolas y tréboles jugosos,
¡Efluvios ardorosos de nidos de jilgueros
Ocultos en los gajos de los ceibos frondosos!

¡Toda mi joven carne se impregna de esa esencia!
Perfume de floridas y agrestes primaveras
Queda en mi piel morena de ardiente transparencia.

Perfumes de retamas, de lirios y glicinas.
Amor llega a mi lecho cruzando largas eras
Y unge mi piel de frescas esencias campesinas.

LA HORA

Tómame ahora que aún es temprano
Y que llevo dalias nuevas en la mano.

Tómame ahora que aún es sombría.
Esta taciturna cabellera mía.

Ahora, que tengo la carne olorosa,
Y los ojos limpios y la piel de rosa.

Ahora, que calza mi planta ligera
La sandalia viva de la primavera.

Ahora, que en mis labios repica la risa
Como una campana sacudida a prisa.

Después... ¡ah, yo sé
Que ya nada de eso más tarde tendré!

Que entonces inútil será tu deseo
Como ofrenda puesta sobre un mausoleo.

¡Tómame ahora que aún es temprano
Y que tengo rica de nardos la mano!

Hoy, y no más tarde. Antes que anochezca
Y se vuelva mustia la corola fresca.

Hoy, y no mañana. ¡Oh, amante!, ¿no ves
Que la enredadera crecerá ciprés?

LA CITA

Me he ceñido toda con un manto negro,
Estoy toda pálida, la mirada extática.
Y en los ojos tengo partida una estrella.
¡Dos triángulos rojos en mi faz hierática!

Ya ves que no luzco siquiera una joya
Ni un lazo rosado, ni un ramo de dalias.
Y hasta me he quitado las hebillas ricas
De las correhuelas de mis dos sandalias.

Mas soy esta noche, sin oros ni sedas,
Esbelta y morena como un lirio vivo.
Y estoy toda ungida de esencia de nardos.
Y soy toda suave bajo el manto esquivo.

Y en mi boca pálida florece ya el trémulo
Clavel de mi beso que guarda tu boca.
Y a mis manos larga se enrosca el deseo
Como una invisible serpentina loca.

¡Descíñeme, amante! ¡Descíñeme, amante!
Bajo tu mirada surgiré como una
Estatua vibrante sobre un plinto negro
Hasta el que se arrastra como un can, la luna.

LAS LENGUAS DE DIAMANTE

Bajo la luna llena, que es una oblea de cobre,
Vagamos taciturnos en un éxtasis vago,
Como sombras delgadas que se deslizan sobre
Las arenas de bronce de la orilla del lago.

Silencio en nuestros labios una rosa ha florido.
¡Oh si a mi amante vencen tentaciones de hablar!,
La corola, deshecha, como un pájaro herido
Caerá rompiendo el suave misterio sublunar.

¡Oh, dioses, que no hable! ¡Con la venda más fuerte
Que tengáis en las manos, su acento sofocad!
¡Y si es preciso, el manto de piedra de la muerte
Para formar la venda de su boca, rasgad!

Yo no quiero que hable. Yo no quiero que hable .
Sobre el silencio este, ¡qué ofensa la palabra!
¡Oh lengua de ceniza! ¡Oh lengua miserable,
No intentes que ahora el sello de mis labios te abra!

Bajo la luna-cobre, taciturnos amantes,
Con los ojos gimamos, con los ojos hablemos.
Serán nuestras pupilas dos lenguas de diamantes,
Movidas por la magia de diálogos supremos.

RAIZ SALVAJE

Me ha quedado clavada en los ojos
La visión de ese carro de trigo,
Que cruzó rechinante y pesado
Sembrando de espigas el recto camino.

¡No pretendas ahora que ría!
¡Tú no sabes en qué hondos recuerdos
Estoy abstraída!

Desde el fondo del alma me sube
Un sabor de pitanga a los labios.
Tiene aún mi epidermis morena
No se qué fragancia de trigo emparvado.
¡Ay, quisiera llevarte conmigo
A dormir una noche en el campo
Y en tus brazos pasar hasta el día
Bajo el techo alocado de un árbol!

Soy la misma muchacha salvaje
Que hace años trajiste a tu lado.

RUEGO POR EL HIJO DE VEINTE AÑOS

Ya no es la flor ni el gajo. Es un arbusto
Que no me cabe, madre, bajo el ala,
Y por él rezo y tiemblo a toda hora,
Despierta muchas veces hasta el alba.

Lo he formado en tu amor y tu esperanza.
Te lo ofrecí, capullo mío, llena
Del inmenso fervor que me traspasa
Por ti, divina y milagrosa reina.

Todavía sus pasos mide el ángel;
Todavía hacia mí vuelve los ojos
Como cuando era un niño y no tenía
Otra luz ni otro espejo que mi rostro.

Pero, celeste madre, ¡cómo aúllan
En la noche los lobos!
Y cómo necesito que me inspires
¡Oh, Virgen del Socorro!

Pon en mi boca la palabras justas,
Las que a su corazón desciendan rectas.
Las del convencimiento y el consuelo,
Las que sean más sabias y más buenas.

Ahora que ya es un hombre tengo miedo
De no saber llevarlo de la mano,
De ser ciega en su error y de ser débil...
O de estar sorda y que me llame en vano.

¡Con la frente en el polvo te suplico
Que por él veles y me des la vida,
Mientras él mi ternura necesite,
Madre divina!

ROMANCE DE LAS VIRGENES FATUAS

I

Ceja de la luna nueva
sobre la comba del monte.
Por aquel camino bajan
lucecitas color cobre.

Se corren hacia la mar,
cinco son, finas estrellas.
La sombra come las manos,
el viento pica las huellas.

Pasa un olor de jacintos
nacido en no sé qué trenzas.

II

La media noche se acerca,
la luna colgada al pecho.
Aguijones del insomnio,
blanda madeja del sueño.

—¿Dónde están las cinco estrellas,
las que orillaban la mar?
—En la niebla parpadea
una leve claridad.

¡Ay, que el aceite se acaba
y espera Nuestro Señor ,
y cada vez los caminos
más como de tinta sonó!

¡Ay, que las vírgenes corran
que crezca y crezca la luna,
que en las lámparas expriman
los olivos su aceituna!

¡Ay, que el Señor se entristece;
cinco sonrisas le faltan,
cinco varas de azucena
cinco túnicas de plata,
cinco besos, los más frescos
sobre el ardor de sus plantas!

¡Ay, se apagaron las lámparas!

PORTICO PARA UN LIBRO

Corazón de niña, corazón en canto:
Ensueño, esperanza, sonrisas y llanto.

Tan pronto es el alba, tan pronto la tarde,
Resplandor y sombra, lámpara que arde
Perfumando el viento que pasa y se lleva
La fragancia a nardos de esta alma nueva.

Corazón de niña. ¡Qué ardiente es el canto,
Qué loca la risa y qué fresco el llanto!

Corazón de niña que tiene en el verso
Con noches y auroras, todo el universo.

¡Ay, que siempre sea su lucero de oro,
Límpido su aire, su río sonoro,

Y que crea siempre en ti, ¡oh poesía,
Que le das ahora cielo y melodía!

LA HERMANITA

—Cigüeñas, cigüeñas que del alto cielo
Bajáis los niñitos para las señoras:
¿Cuándo ante mi casa detendréis el vuelo?
El que trajistéis está grande ahora,

Y se va por largas horas a la escuela.
Yo me paso triste y aburrida y sola.
Cosiendo en silencio lo aguarda la abuela.
Cuando él retorna del colegio implora:

—Mamá, ¿con quién juego? Compra una hermanita
Para que conmigo se divierta y corra.

¡Pero las cigüeñas no atienden la cuita
y siguen de largo cual si fueran sordas!

EVOCACION DE LIMA

En el IV centenario de la fundación
de la capital del Perú.

Del mar celeste del sueño
—mi sueño ya sobre el alba—
Surge Francisco Pizarro
—bronce, acero, encaje, plata—
Con una ciudad de torres
Entre sus brazos fantasmas.

Hay un tambor que redobla
Acompasando el milagro.
Deslumbrada tamborera,
Lo siento bajo mi mano.
¡Tambor de mi corazón
En mi pecho resonando!

Y hay una voz a mi lado
—egregio Ricardo Palma—
Que croniquea el prodigio
Con muy castizas palabras,
Mientras la visión se acerca
Entre un rumor de campanas.

Cortejo de férreas sombras
—¡ah, duros conquistadores!—
Marcha detrás de Pizarro,
Cuya faz, entre las torres,
Aparece alucinante,
Pálida, barbada y noble.

Y en seguida, turba de ojos
Encendidos y enconados
Una muchedumbre oscura
Sigue con medidos pasos
El séquito de fantasmas
Altivos y empenachados.

Brillo de metal bruñido,
Primor de lana tejida,
Filigrana de oro indígena
En las gargantas cobrizas,
Y un cruel pectoral de sangre
Sobre la estampa del Inca.

Se aproxima, se agiganta,
Me envuelve como una ola
La visión. Ya estoy en ella,
Fantástica espectadora
Para la cual se despiertan
Cuatro centurias de sombras.

¡Ay, aguas mansas del Rimac,
Palacio de Torre-Tagle,
Carrozas y cornucopias,
Doncellas de fino talle,
Virreynas como de raso
Y alcaldes de fiero empaque!

¡Ay, Micaela Villegas
Con tu gracia y tus lunares,
Con tus divinas locuras,
Con tus tacones dorados
Con tu cascada de risas
Y con tu río de llanto!

Callecitas empinadas,
Casonas de piedra y seda,
Amor, comedias y drama
En la plaza y en la reja,
Y al volver de cada esquina,
Muerte, poema o leyenda.

Hay oidores y juglares,
Sonrisa, epigrama, ceño,
Mujeres como de Goya,
Señores como del Greco,
Y en los claustros elevados
Monjes del Españoleto.

¡Marqueses de la conquista,
Todos de brocado y hierro,
Desarmados y rendidos
Ante ese encanto limeño
De fino rostro canela
Y ojos enormes y negros!

Lima de ayer y de hoy:
Te quisiera en un fanal,
Con tus portales barrocos,
Con tu erguida catedral
Y tu dulce Santa Rosa,
Patrona continental.

¡Así viviera Romero
De Torres, el Cordobés,
Y un retrato me pintara
De tu catedral al pie,
Con el fanal en la mano
Como un exvoto de fe!

Lima, que me has dado un nardo
De tentación y de ensueño:
En relicario escondido
Lo llevo dentro del pecho,
Para pagártelo un día
Con el mejor de mis versos.

EL CAZADOR

Hermano Calibán, me voy de caza.
A trizar alas, a romper el vuelo
Del pájaro que pasa, protegido de Ariel,
          Cerca del cielo.

Porque yo no sé alzarme de este suelo
Donde tengo mis hijos y mi casa,
Hermano Calibán, detengo el vuelo
          Del pájaro que pasa.

TREGUA EN EL CAMPO

Mujer que te has venido con el alma estrujada
Por la ácida y torva vida de la ciudad:
Cúrate en el silencio, ama tu casa aislada,
Bendice este paréntesis, suave, de soledad.

Torna a ser como antes, dulce y despreocupada,
Olvida que conoces cansancio y saciedad.
¡Que bajo tu corteza gris de civilizada,
Surja la campesina que durmió la ciudad!

¡Con esta primavera tan cálida y soleada,
Mujer, que te avergüence tu taciturnidad!

EL DIA

Hombre de faz ceñuda que das al viento puro
Tu frente en la que un surco dibujó la vigilia:
Sonríe a la mañana que vuelca sobre el muro
El sol de Enero hecho mosquetas amarillas.

Sonríe al gozo vivo de la luz que se enciende
En el cielo profundo como un cáliz de oro
Y centellea en el agua que corre entre los berros
Bajo los grandes sauces finos y temblorosos.

Se fue la noche acre que te afiebró las sienes
Y puso en tus mejillas el color de la cera.
¡Sacude la cabeza y da al viento del alba
Todo ese afán nocturno, agrio, que te atormenta!

Hazte nuevo ante el día limpio de toda mancha,
Que surge de la noche como de un vientre impuro
Y es jovial, se ciñe con el oro y el rosa,
Los colores amados por los dioses fecundos.

Hazte nuevo ante el júbilo de la hora sin mácula
Que baja temblorosa a la tierra grisácea,
Y trae para los hombres que han sufrido en la noche
La fuerza con que puede revivir su esperanza.

LA LAGUNA

La noche es suave y muelle
Tal cual si fuera hecha
Con los vellones blandos
De alguna oveja negra.

No hay luna. Vago a oscuras
Por el campo hechizado.
Huelo frescor de juncos,
De sauces y de álamos.

Voy junto a la laguna,
¡Oh misterio del agua!
El agua es un ser vivo
Que me contempla y calla.

La laguna, esta noche,
Parece pensativa.
Mi alma se alarga a ella
Como una serpentina.

¡Cuánto me gusta el agua!
¡Cuánto me gusta el agua!
Hacia ella se inclina
Cual un junco mi alma.

Acaso, en otra vida
Ancestral, yo habré sido
Antes de ser de carne,
Cisterna, fuente o río...

MELANCOLIA

La sutil hilandera teje su encaje oscuro
Con ansiedad extraña, con paciencia amorosa.
¡Qué prodigio si fuera hecho de lino puro
Y fuera en vez de negra la araña, color rosa!

En un rincón del huerto amoroso y sombrío
La velluda hilandera teje su tela leve.
En ella sus diamantes suspenderá el rocío
Y la amarán la luna, el alba, el sol, la nieve.

Amiga araña: hilo cual tú mi velo de oro
Y en medio del silencio mis joyas elaboro.
Nos une, pues, la angustia de un idéntico afán.

Mas pagan tu desvelo la luna y el rocío.
¡Dios sabe, amiga araña, qué hallaré por el mío!
¡Dios sabe, amiga araña, qué premio me darán!

LA ESTRELLA

En el agua la estrella se refleja
Como una lentejuela de oro vivo,
O un lunar imprevisto en el motivo
Gris y redondo de la charca añeja.

Admiradas, absortas en la duda
De qué será lo que en el pozo brilla,
Las ranas están quietas a la orilla
En una adoración paciente y muda.

Y el pastor loco que con astros sueña
Hunde en el agua la imprudente mano.
Quiere sacar la estrella del pantano
Y en la imposible salvación se empeña.

—¡Cloc, cloc!— gimen las ranas desoladas.
Roto en el reflejo desgarrado el astro,
Ya no queda en la charca sino un rastro
De hebras de luz sutiles y doradas.

Y yo, que asisto a la lección y llevo
En mi charca interior la dulce estrella
De una ilusión que se retrata en ella,
A ansiar la realidad ya no me atrevo.

Y como hipnotizada por el loco
Afán de no ver roto mi tesoro,
Hago guardia tenaz al astro de oro
Lo miro fijo, pero no lo toco.

ELOGIO DE LA LENGUA CASTELLANA

¡Oh lengua de los cantares!
¡Oh lengua del Romancero!
Te habla Teresa la mística,
Te habla el hombre que yo quiero.

En ti he arrullado a mi hijo
E hice mis cartas de novia.
Y en ti canta el pueblo mío,

El amor, la fe, el hastío,
El desengaño que agobia.

¡Lengua en que reza mi madre
Y en la que dije: ¡Te quiero!
Una noche americana
Millonaria de luceros.

La más rica, la más bella,
La altanera, la bizarra,
La que acompaña mejor
Las quejas de la guitarra.

¡La que amó el Manco glorioso
Y amó Mariano de Larra.

Lengua castellana mía
Lengua de miel en el canto,
De viento recio en la ofensa,
De brisa suave en el llanto.

La de los gritos de guerra
Más osados y más grandes.
¡La que es cantar en España
Y vidalita en los Andes!

¡Lengua de toda mi raza,
Habla de plata y cristal,
Ardiente como una llama,
Viva cual un manantial!

LA PEQUEÑA LLAMA

Yo siento por la luz un amor de salvaje.
Cada pequeña llama me encanta y sobrecoge.
¡No será, cada lumbre, un cáliz que recoge
El calor de las almas que pasan en su viaje?

Hay unas pequeñitas, azules, temblorosas,
Lo mismo que las almas taciturnas y buenas.
Hay otras casi blancas: fulgores de azucenas.
Hay otras casi rojas: espíritus de rosas.

Yo respeto y adoro la luz como si fuera
Una cosa que vive, que siente, que medita,
Un ser que nos contempla transformado en hoguera.

Así, cuando yo muera he de ser a tu lado
Una pequeña llama de dulzura infinita
Para tus largas noches de amante desolado.

EL CIPRES

Quizá nació en Judea,
Pero se ha hecho ciudadano en todos
Los cementerios de la tierra.

Parece un grito que ha cuajado en árbol
O un padrenuestro hecho ramaje quieto.
No ampara ni cobija. Siempre clama
        Por los muertos.

Y si a veces se enrosca por su tronco
Un rosal que florece en los veranos,
Como un trapense extático no siente
La brasa de la flor sobre sus gajos.

Tiese pasta de asceta, el solitario.
O pasta de abstraído.

Pero si uno está hastiado o está triste,
Le hace bien recostarse contra el tronco
        Recto y liso.

Se siente algo en la sedante mejilla,
Como si dentro del leñoso tallo
Una intuición ardiente y sensitiva
Compadeciera el gesto de cansancio.

Nunca el ciprés comprenderá la risa,
La plenitud, la primavera, el alba.
Sólo se da a la angustia de los hombres
Y arrulla el sueño eterno como un aya.

Es un gran dedo vegetal que siempre
Está indicando al ruido: ¡calla!

EL JUGUETE

Nunca más la alegría se entretendrá en hacer
Danzar mi alma, vibrante como un trompo de música.
¡Segura estoy que ahora esta alma silenciosa
      La asusta!

Pensaré que el juguete multicolor y vivo
Se aquietó entre los dedos que lo hacían bailar,
Roto por el cansancio de la fiesta continua;
Por la ansiedad sin tregua de girar y girar.

Después, un día, la muerte lo ha de alzar del camino
Y entre sus duros dedos lo desmenuzará.

SOL FUERTE

Desprende una tristeza aherrojante y extraña
Ese lento desfile de entoldadas carretas,
Por el ocre camino que cruza la campaña
    Plana, árida y seca.

Ni un árbol, ni una loma, ni la mancha sombría
    De un monte en derredor.
Las carquejas se enroscan bajo el fuego del día
    Implacable, de Enero.

¡Parece que el planeta estuviera vacío
Y que van a una cita misteriosa y suprema,
Esas lentas carretas que cruzan el camino
    Bajo este sol que quema!

EL VENDEDOR DE NARANJAS

Muchachuelo de brazos cetrinos
Que vas con tu cesta
Rebosando naranjas pulidas
De un caliente color ambarino;

Muchachuelo que fuiste a las chacras
Y a los árboles amplios trepaste,
Como yo me trepaba cuando era
Una libre chicuela salvaje;

Ven acá, muchachuelo: yo ansío
Que me vuelques tu cesta en la falda.
Pide el precio más alto que quieras.
¡Ah, qué bueno el olor a naranjas!

A mi pueblo distante y tranquilo,
Naranjales tan prietos rodean,
Que en Agosto semeja de oro
Y en Diciembre de azahares blanquea.

Me crié respirando ese aroma
Y aun parece que corre en mi sangre.
Naranjitas pequeñas y verdes,
Siendo niña, enhebrada en collares.

Después, lejos llevóme la vida.
Me he tornado tristona y pausada.
¡Qué nostalgia tan honda me oprime
Cuando siento el olor a naranjas!

BAJO LA LLUVIA

¡Cómo resbala el agua por mi espalda!
¡Cómo moja mi falda!
Y pone en mis mejillas su frescura de nieve!
Llueve, llueve, llueve.

Y voy, senda adelante,
Con el alma ligera y la cara radiante,
Sin sentir, sin soñar,
Llena de la voluptuosidad de no pensar.

Un pájaro se baña
En una charca turbia. Mi presencia le extraña,
Se detiene... Me mira... Nos sentimos amigos...
¡Los dos amamos mucho cielos, campos y trigos!

Después es el asombro
De un labriego que pasa con su azada en el hombro.
Y la lluvia me cubre
De todas las fragancias que a los setos da Octubre.

Y es, sobre mi cuerpo por el agua empapado,
Como un maravilloso y estupendo tocado
De gotas cristalinas, de flores deshojadas
Que vuelcan a mi paso las plantas asombradas.

Y siento, en la vacuidad
Del cerebro sin sueño, la voluptuosidad
Del placer infinito, dulce y desconocido,
De un minuto de olvido.

Llueve, llueve llueve,
Y tengo, en alma y carne, como un frescor de nieve.

ATARDECER

Monseñor, ¡qué hosco resplandor de jacinto
Ostenta hoy vuestra clámide!

El mar parece una violeta
Abierta en el jardín de los gigantes.

Y el cielo del crepúsculo
Muestra un azul violáceo
Como si sobre él hubieran desmenuzado
Los anillos de todos los obispos del mundo.

En las calles ya ceñidas de sombra,
Las últimas campanillas de Marzo
Y la garúa floral de lo paraísos,

Prolongan y fragmentan
El tramonto de amatista.

Esta noche
El pétalo tierno de la luna
Tendrá un reflejo lila.

Y cuando pase el avión cálido y pesado
Del viento del Brasil,
Se derrramará por la tierra silenciosa
De morado olor de salvias.

Para estar a tono con el matiz de la luz
Me he puesto un vestido color malva.
y la falda rosalila
Ondula con la brisa
Como si fuera la llama de una lámpara.

Una lámpara inútilmente encendida
En el límite de la tarde.

FRUTO DEL TROPICO

Es un coco.
Tiene cáscara oscura y el exterior es áspero.
Mas, cuando la corteza se ha roto,
La carne, casta y firme, parece raso.

Cruzó el mar para mí. Un jadeante navío
Me lo trajo del brujo Brasil deslumbrador.

Cuando hundo los dientes en su pulpa compacta,
Me parece que bebo agua del Amazonas
Y muerdo sol.

Todo el trópico de oro, de escarlata, de añil,
Le dio zumos vitales al materno palmar.

El ha visto la luna más grande de la tierra
Y conoce la luz total.

Conoce las tremendas brasas del mediodía,
Los crepúsculos lentos, las vivas madrugadas,
Y el olor de las selvas que cabalga en el viento
Para encender los sueños y las ansias.

Este día lluvioso, por él, para mí tiene
Un íntimo resplandor solar.
Mordiendo su carne blanca y prieta
Estoy en Pernambuco, en Río o en Pará.

Y esta juventud mía, quieta y reconcentrada,
Por él se va, loca, a viajar.

El ensueño la lleva de la mano
Más allá del "río como mar".

QUIETUD

Calle sombreada de sauces
Y azul de jacarandá.
Todos los ruidos del mundo
En ella se dormirán.

Y el sueño será azul como
La flor del jacarandá.

¡Quién te diera, alma cansada
Y herida por el temor
Todo un día de silencio
En esta calleja en flor!

EL VENDEDOR AMBULANTE

En sus grandes zapatos carga polvo de todos
Los caminos de América. Nuestro violento sol
Tostó en su rostro ancho la blancura nativa
Y puso como un sello el moreno color.

En el cajón que curva su dorso de gigante
Lleva apresado el iris y la codicia plena
Del indio, cuyos ojos retintos se encandilan
Con la riqueza burda y alegre de las cuentas.

Se ha hecho amigo íntimo de albas y de ocasos.
Conoce el sabor acre de las frutas selváticas
Y de los labios duros de la mujer indígena,
Fetichista, cetrina, callada, lenta y pálida.

Nunca tendrá una casa tibia como la mía,
y si le nace un hijo quizás no sepa nada.
Trajo al mundo el destino viajador de los vientos:
Hoy un pueblo; otro día la montaña o la pampa.

Lo miro pasar, llena de una emoción compleja.
Yo, la mujer que nunca ha dejado su casa,
La de ojos que jamás ven cambiar su horizonte,
No sé si lo que siento es envidia o es lástima.

Sobre sí, como dentro del cajón millonario,
¡Cuánta mirada atónita se llevará prendida!
Los seres que contemplan las cosas invisibles
Creerán que arrastra un mazo multicolor de cintas.

RETORNO

Con la cántara llena de agua,
Y la boca de moras teñida,
Y crujiente de espinas la enagua,
Y en el moño una rosa prendida.

De la fuente retorno, abismada
En el dulce evocar de la cita.
Y se hermana la tarde dorada
Con la luz que en mis ojos palpita.

Una extraña fragancia me enerva,
Y en verdad yo no sé si es que sube
Del jugoso frescor de la hierba,
O se eleva de mi alma a la nube.

Y, despierta sonámbula, sigo
Balanceando mi cántara llena,
Entre el oro alocado del trigo
Y el temblor de los tallos de avena.

LA TARDE

He bebido del chorro cándido de la fuente,
Traigo los labios frescos y la cara mojada.
Mi boca hoy tiene toda la estupenda dulzura
De una rosa jugosa, nueva y recién cortada.

El cielo ostenta una limpidez de diamante
Estoy ebria de tarde, de viento y primavera.
¿No sientes en mis trenzas olor a trigo ondeante?
¿No me hallas hoy flexible como una enredadera?

Elástica de gozo cual un gamo he corrido
Por todos los ceñudos senderos de la sierra.
Y el galgo cazador que es mi guía, rendido,
Se ha acostado a mis pies, largo a largo, en la tierra.

¡Ah, qué inmensa fatiga me derriba a la grama
Y abate en tus rodillas mi cabeza morena,
Mientras que de una iglesia campesina y lejana
Nos llega un lento y grave llamado de novena!

LA COPA

Con un trote recio bajo la maraña
Balanceante y fresca de los mimbres anchos,
Marcha la tropilla simétrica y ávida
Hacia el río elástico.

Tienen sed los potros. ¡Cómo los envidio!
Nada de garrafas, de copas ni vasos.
Beberán del río, beberán del río
Hundiendo en el agua los belfos y cascos.

La copa estupenda tienen olor a monte.
Dios mismo la hizo. Dios mismo la llena.
Adorna sus bordes con los camalotes
Y sobre ella aprieta la red de la selva.

¡Cuántos años hace que yo bebo en copas,
Que he olvidado el vaso rumoroso y hondo!
Se ha civilizado la muchacha loca,
Cada día el pasado se hace más remoto.

Mas sueño: una tarde vendremos al río,
Yo hundiré las manos en las ondas claras
Y riendo gozosa le diré a mi amigo:
—Bebe, prueba el gusto de verdad del agua

LOS PINOS

Yo digo ¡pinos! y siento
Que se me aclara el alma.
Yo digo ¡pinos! y en mis oídos
Rumorea la selva.
Yo digo ¡pinos! y por mis labios pasa
La frescura de las fuentes salvajes.

¡Pinos, pinos, pinos! Y con los ojos cerrados
Veo la hilacha verde de los ramajes profundos,
Que recortan el sol en obleas desiguales
Y los arrojan, como puñados de lentejuelas,
A los caminos que bordean.

Yo digo ¡pinos! y me veo morena,
Quinceabrileña,
Bajo uno que era amplio como una casa,
Donde una tarde alguien puso en mi boca,
Como un fruto extraordinario,
El primer beso amoroso.

¡Y todo mi cuerpo anémico tiembla
Recordando su antiguo perfume a yerbabuena!
Y me duermo con los ojos llenos de lágrimas,
Así como los pinos se duermen con las ramas
Llenas de rocío.

EL NIDO

Mi cama fue un roble
Y en sus ramas cantaban los pájaros
Mi cama fue un roble
Y mordió la tormenta sus gajos.

Deslizo mis manos
Por sus claros maderos pulidos,
Y pienso que acaso toco el mismo tronco
Donde estuvo aferrado algún nido.

Mi cama fue un roble.
Yo duermo en un árbol.
En un árbol amigo del agua,
Del sol y la brisa del cielo y el musgo,
De lagartos de ojuelos dorados
Y de orugas de un verde esmeralda.

Yo duermo en un árbol.
¡Oh, amado!, en un árbol dormimos.
Acaso por eso me parece el lecho
Esta noche, blando y hondo cual un nido.

Y en ti me acurruco como una avecilla
Que busca el reparo de su compañero.
¡Que rezongue el viento, que gruña la lluvia!
Contigo en el nido, no sé lo que es miedo.

¡Qué tristeza de muerte! ¡Qué alas negras de queja
Brotarían entonces! ¡Qué alas negras de queja
En lugar de las alas transparentes de abeja!

———oOo———

INDICE

JUANA DE IBARBOUROU

Edición 3,000 ejemplares
ABRIL 1993
GRAFIMEX, S.A. DE C.V.
Buenavista No. 98-D